Versiert serviert ...
von Jan D. Stechpalm

Versiert serviert ...

... noch mehr aus VersEhen zusammengereimte Alltagsungereimtheiten

von

Jan D. Stechpalm

Bibliografische Information der Deutschen Nationalbibliothek:
Die Deutsche Nationalbibliothek verzeichnet diese Publikation in
der Deutschen Nationalbibliografie; detaillierte bibliografische
Daten sind im Internet über www.dnb.de abrufbar.

Impressum
© 2014 Jan D. Stechpalm
Herstellung und Verlag:
BoD - Books on Demand, Norderstedt

Umschlaggestaltung: Jan D. Stechpalm
Satz und Layout: Jan D. Stechpalm

ISBN: 978-3-7357-2241-6

Humoristische Verse

Lässt der Tag sich nicht erhellen,
will Erfolg sich nicht einstellen,
fragst Du Dich schon nach dem Sinn
oder fehlt es an Gewinn,
dann, um kurz mal weg zu tauchen,
ist dies Büchlein zu gebrauchen:
Ein, zwei Seiten täglich blättern,
kann den Gram ganz schnell zerschmettern,
und im Nu ist man ganz frisch
zurück an seinem Arbeitstisch.

Verdichtetes Bauen

Haus an Haus
Kaum Platz dazwischen
Tür an Tür
Die Grenzen verwischen
Meter um Meter
Den Wert ausschöpfen
Wort um Wort
Den Zwischenraum köpfen
Und an der Ecke
Bleiben Sinn und Schönheit
Auf der Strecke.

Überholspur

Holen, einholen, überholen.
Nehmen, einnehmen, übernehmen.
Immer schneller, immer dichter,
Immer greller blitzen die Lichter.
Ist man wirklich eher da?
Oder verwischen nur fern und nah?
Lässt der Fahrtwind nicht nur verwehen,
Was wir zwar mehr, aber flüchtiger sehen?
Ein Moment bleibt gleich in der Länge!
Nicht auch die menschliche Aufnahmemenge?

Der Zeitdieb

Er schneidet keine Hosentaschen.
Ihn sieht man nicht nach Uhren haschen.
Er klaut am Bahnhof kein Gepäck.
Er fälscht in Banken keinen Scheck.
Er schleicht sich nachts in keine Villen,
sucht nicht Tresore aufzudrillen.
Nicht Geld, nicht Schmuck noch Sammlerstücke
sind das Ziel all seiner Tücke.
Nein – ihn lockt, was man nur Freunden leiht:
Er lauert auf der anderen Zeit.
Fast unbemerkt an Warteschlangen
kann er geschickt nach vorn gelangen.
Genauso auch im Autostau
fährt er den Spurenwechsel schlau.
In jedem Ausverkaufsgedränge
entkommt er trickreich jeder Menge.
Die andern aber müssen warten
auf hundertachtundachtzig Arten.
Von ihm wird schnell das Wort geschnitten.
Er lässt sich dafür mehrmals bitten.
Was er auch wünscht, wird forsch getrieben,
ansonsten lässt er sich anschieben.
Der andern Nachsicht und Geduld
sind ja der andern Pflicht und Schuld.

Er ist der Meister aller Diebe,
durchschaut er doch das Weltgetriebe
und fischt nach unserem höchsten Gut,
braucht weder Werkzeug, Kraft noch Mut
und kein Richter dieser Welt
hat Zeitklau je vor Gericht gestellt.

Superlative

Der Schnellste übertrifft den Stärksten
Der übertrifft den Mutigsten
Der übertrifft den Schlausten
Der übertrifft den Reichsten
Der übertrifft den Frechsten
Der übertrifft den Schönsten
Der übertrifft den Besten
Der übertrifft den Schnellsten
Und alle hegen den schlichten Schein
etwas ganz Besonderes zu sein.

Durchaus

Manche sehen
Andere sehen nur aus
Manche hören
Andere hören nur aus
Manche reden
Andere reden nur aus
Manche spielen
Andere spielen nur aus
Manche lachen
Andere lachen nur aus
Manche geben
Andere geben nur aus
Manche nützen
Andere nützen nur aus
Manche leben
Andere leben nur aus
Alle sterben
Alle sterben so aus
Dann ist es aus
Durch aus.

Ruhm

Was nützt es dem Stein,
fällt er ins Wasser hinein,

wenn seine Schwere
die Ruhe der Oberfläche
im Sturz unterbräche,
und abschwellender Weise
als Wellenkreise
diese schnell
und leise
durch-
que-
re
?

Liegt er nicht bald auf dem Grund
und nichts tut mehr den Einschlag kund?

Kyoto

Im Innersten des Tempels,
inmitten gehegter Natur,
Stolz der hären Hochkultur,
Samengehäuse der Kirsche,
Destillat aller Vergeistigung,
der Schlüssel zur Gelassenheit.

Ein einfacher Garten,
Rechteck aus Kies,
mit raren, runden Steinen,
kleinen Flecken saftigen Mooses,
daneben ein Brunnen,
Steingefäss voll klaren Wassers,
ein plumper, hölzerner Schöpfer,
abgelegt darüber.

Ausdruck des Glücks
in der reinen Schlichtheit des Seins:
Ohne Ehrgeiz, Neid, Argwohn,
Arroganz, Gier, Prunk und Hohn.

sich verleben

heisst
sich zu vergestern
und sich zu vermorgen
und sich zu verdorten
und sich zu verdrüben

anstatt
sich zu verhieren
und sich zu verjetzten.

Himmelstreppe

```
             Liebe
       Ethik Überfluss
     Ästhetik   Überdruss
      Freiheit      Neid
     Achtung        Hass
   Sicherheit      Gewalt
   Nahrung         Hunger
Sein                  Tod
```

Befreiung

mit losem Eifer
bauen wir stumm
unser eigenes Gefängnis
um „ich bin", „ich muss",
　„ich habe".

in grosser Feier
schauen wir stolz
auf unsere Selbstbedrängnis
durch „ich kann nicht", „ich darf nicht",
　„ich habe nicht".

aus blosser Reife
trauen wir uns toll
zu unserem Verhängnis
durch „ich kann doch", „ich mache dennoch",
　„ich werde aber".

Was wenn?

wir nicht mehr drängelten
und gängelten und quengelten
wir nicht mehr schändeten
und verschwendeten, sondern spendeten
wir Hilfe böten, retteten aus Nöten
wir Leben löteten?

wären wir so gut
bräuchte es keinen Mut
wir müssten uns nicht ändern
mit samt unseren Städten und Ländern.

wir könnten uns nicht verbessern
unser Blut würde verwässern
unser Blut, nicht mehr salzig, sauer und bitter
sondern reiner, Liter um Liter.

und unser Leben, ohne Streben und Ziel
wäre dann doch nur ein langweiliges Spiel.

Urknall

Energie sind wir nur:
Vom knallenden Ur
Dereinst gesendet.
In verschiedenen Formen
Der niedrigsten Ballungen
Mit widrigsten Normen
Sind wir Verhallungen.
Wer weiss wie es endet?

Vom Sinn keine Spur
Auf des Schöpfers Klaviatur?
Doch wer sich wendet
Zum Zusammenspiel,
Sich ganz hinzugeben
Dem harmonischen Ziel,
Der hat dem eigenen Leben
Endlich Sinn gespendet.

Die Erde

Sie,
In ihrem ruhigen Lauf,
Gebärt uns, blüht uns, nährt uns
Und nimmt uns geduldig wieder auf.

Wir,
Anstatt sie zu pflegen und zu giessen,
Treten sie täglich mit den Füssen.

Schnee von gestern

Vor uns ist alles geschmolzen
Nach uns wird alles schmelzen
Und dazwischen die irre Idee,
Er bliebe ewig, der Schnee.

Verwandlung

Warum fürchten wir den Wandel?
Fürchtet die Raupe den Falter?
Fürchtet das Korn die Ähre?
Fürchtet die Blüte den Apfel?
Fürchtet der Morgen den Abend?
Wurden, sind und werden
wir nicht durch Verwandlung?

Bewegungsmangel

Wir gehen nicht mehr die kürzesten Strecken,
man braucht nur Zündschlüssel einzustecken.
Wir tragen unsere Lasten kaum,
dafür gibt es den Kofferraum.
Wir steigen nur ungern Treppen hinauf,
ein Lift erspart uns den lästigen Lauf.
Wir bringen auch Briefe nicht mehr zum Kasten,
denn das erledigen PC-Tasten.
Auch für ein Gespräch wird kaum sich bewegt,
es sei denn, wir haben das Handy verlegt.
Auch gibt es kaum noch Einkaufswege,
denn der Supermarkt an der Ecke macht träge.
Auch Theater und Kino sind uns zu weit,
wir machen uns auf der Fernsehcouch breit.
Doch irgendwann, wenn schwer und schwach,
dann geben Kreuz und Gelenke nach.
Dann fahren mit Auto und mit Rolltreppe
wir schnell in die nächste Fitnesssteppe
und schwitzen, schnaufen und suchen verbissen
Vergebung vom beissenden Körpergewissen.

Übergewicht

Ein Sorgenkind, von dem man spricht,
ist neuerdings das Übergewicht.
Es heisst, wer schlank bleibt, der lebt länger;
Die Taille schnürt man daher enger.
Doch bringt Zurückhaltung Verdruss,
man lebt lieber im Überfluss.
Drückt das Gewissen dann an Nähten,
sucht man den Ablass in Diäten,
lässt Fett absaugen auf die Schnelle
und surft sanft auf der Fitnesswelle
oder zieht sich ein Magenband
als Zügel für den gierigen Rand.
Im Alter merkt man dann zuletzt,
dass man nur Überflüssigem nachgehetzt.

Reisestress

Der Wecker kräht,
fix auf er steht,
es scheint schon spät,
der Koffer steht noch nicht bereit.

Die Zähne geputzt,
den Bart gestutzt,
die Dusche benutzt,
er sucht noch Hemd und Hos' und Kleid.

Früh rasch gestückt,
die Zeit, sie drückt,
das Packen missglückt,
der Flugplatz ist noch viel zu weit.

Er wird nun schroffer,
stopft Taschen und Koffer,
vergisst noch Pantoffer
und rennt nun gegen die Zeit.

Ist alles verschlossen?
Sind Blumen gegossen?
Es kommt ihm geschossen,
dass draussen es heftig weht und schneit.

Er grapscht nach der Tasche,
Mantel, Koffer, Gamasche,
löscht noch die Asche
und glüht schon selbst als wie ein Scheit.

Die Tür fällt zu,
er trägt falsche Schuh
und schlittert im Nu
mit Gepäck auf Eis, stürzt und schreit.

Der Knöchel, der knackt,
nun ist es vertrackt,
ein Teufelsakt,
sein Schienbein, das scheint entzweit.

Er ruft den Nachbar,
eins ist nun auch klar:
das Bein ist nicht brauchbar,
er läuft nur noch gestützt mit Geleit.

Ein Gips wird gefasst,
der Flug ist verpasst,
und weg ist die Last:
vom Stress ist er endlich befreit.

Unlust der Kultur

Dem einen hängt das Hemd aus der Hose.
Noch einer frisst direkt aus der Dose.
Der nächste spottet der Tradition.
Ein weiterer schändet die Denkmäler schon.
Sie pflegen dann auch nicht guten Benimm
und finden einfach gar nichts mehr schlimm.
Sie lassen Haus und Hof und alles verlottern,
Bräuche und Bildung und Anstand vermodern.
Sie kennen weder Grenzen noch Wert,
für die sie jemals zückten ein Schwert.

Bis eine echte Kultur sie bedroht
und sie in ihrer leeren Not
sich dann aus ihrem sinnlosen Treiben
dem nächsten, wütenden Wahnsinn
verschreiben.

Effekt und Effizienz

Effizienz ist heute ein Muss.
So fand man auch den Klettverschluss.
Einst musste mühsam man mit Schnüren
ein Mieder eng zusammenführen.
Heute kann man dies hingegen
mit Klett flink um die Taille legen.

Wie hätte Casanova das empfunden,
hätte er Mieder so leicht überwunden?
Es geht zwar heute schnell und direkt,
doch fehlt nun nicht der ersehnte Effekt?

Spielverderber

Für manchen ist das Leben ein Spiel
und stetes Gewinnen ist Weg und Ziel.
Alles fliesst nach gleichen Schemen,
fliesst dann nur durch Geben und Nehmen.
Geschenke sind für ihn ein Scheck
und gelten nur als Mittel zum Zweck.
Hilfeleistung - ein stilles Pfand,
Freundschaften - ein strategisches Band,
in dem er zwischen Wolf und Schaf
ganz elegant die Wolfswahl traf.
Ehe? Nach aussen Allianz,
nach innen Kampf um Dominanz.
Der Partner – eine erlegte Fähe,
die glorreich gezeigte Siegestrophäe.
Uneigennutz, sowie Ästhetik,
Handlungen aus hoher Ethik,
solchen Aktionen ohne Konkurrenz
verleugnet er schlichtweg die Existenz.
Ja, jeder, der kein Zielmitbewerber,
der ist für ihn ein Spielverderber.

Der innere Schweinehund

Auf des Menschen innerstem Grund
schlummert sanft sein Schweinehund.
Sein grösster Feind, die liebe Pflicht,
die nähere sich ihm besser nicht.
Denn kommt die Pflicht ihm in die Nähe,
schreckt er wütend in die Höhe
und knurrt und kläfft und fletscht die Zähne,
dass sie sich nicht willkommen wähne.
So wacht er treu vor einer Truhe
über des Menschen Seelenruhe.
Der Mensch, der hegt und pflegt ihn besser,
diesen tapferen Allesfresser.
Denn wenn der Schweinehund nicht wacht,
schleicht die Pflicht sich an bei Nacht.
Klaut sie den Schatz sich aus der Truhe,
ist es vorbei mit der Seelenruhe.

Alltagssuppe

Dem Menschen ist es oftmals Schnuppe,
wenn er nur schlürft seine Alltagssuppe.
Vor allem, wenn sie selbst gebraut,
wird sie von ihm noch leicht verdaut.
Erst wenn von andern eingebrockt,
dann jeder Schluck im Halse stockt.
Oder wenn zu stark versalzen,
weil wohl der Koch wieder am Balzen.
Oder wenn ein Haar drin schwimmt,
sein Darm dann langsam knurrt und grimmt.
Wenn gar einmal hinein gespuckt,
der Magen meistens mächtig muckt.

Doch darf man hierbei nicht vergessen:
Zu heiss sollte man das alles nicht essen.

Zahnlos

Zum Leben – so viel ist gewiss,
da braucht es einen rechten Biss.
Nicht nur erschwert es das Ernähren,
muss man die Beisserchen entbehren.
Nein, auch ein Lächeln nur misslingt,
wenn kaum ein Zahn mehr daraus blinkt.
Vorbei ist's mit dem Waden beissen,
Zähne fletschen, Beute reissen,
Klappern, Knirschen, Zischen, Pfeifen,
vorbei das Fänge Putzen oder Schleifen.
Ist erst der letzte Zahn gezogen,
wird nur noch Flüssiges gesogen.

Soll nicht nur Brei das Leben gestalten,
muss man den guten Biss behalten.

Kopf durch die Wand

Mancher, der in die Ecke getrieben
und vor einer Wand ist stehen geblieben,
hat seine sämtlichen Sinne verloren
beim Versuch, sich durch die Wand zu bohren,
anstatt sich einmal umzudrehen
und nach anderen Wegen zu sehen.

Wo sich ein neues Türchen auftut,
sieht man mit Kopf in der Wand nicht so gut.

Auf eigenen Füssen

Mancher, der endlich auf eigenen Füssen,
meint, Stillstand könne das Leben versüssen,
merkt, wenn der nächste vorbei an ihm rennt,
dass er zwar selbständig, aber das Leben
    verpennt.

Auf den Arm genommen

Manche, die nach sanften Lagen,
meint, sie werde auf Händen getragen,
merkt erst nach allem ersten Charme,
er nahm sie erst *in*, dann *auf* den Arm.

Die Zunge

Die Zunge scheint ein weiches Kissen,
das sanft sich anschmiegt den Gebissen.
Sie scheint ganz dem Genuss verschrieben
und Speis' und Trank allein zu lieben.
Sie kann zwar Laute schön gestalten,
doch kann auch hässlicher sie walten.
Denn schon das Kind hat schnell entdeckt,
wie's wirkt, wird sie herausgestreckt.
Mal schnalzt sie süsse, sanfte Töne,
damit sie andres Ohr verwöhne,
mal will sie wilde Worte wetzen
und giftige Galle in Umlauf setzen.
Manche hat sich dabei gebissen,
an hohlen Zähnen aufgerissen,
hat sich vielleicht sogar gespalten
und wollte sich an nichts mehr halten.
Dann bricht geschmeidig jedes Wort,
berechnend oder nur zum Sport,
sodass bald einfach nichts mehr stimmt,
was man von dieser Wulst vernimmt.
Wird Übles nur von ihr geboren,
ist längst auch der Geschmack verloren.
Dann zählt sie nicht zu Körpers Sinnen,
sondern zu dessen Abwasserrinnen.
Doch muss sie sich im Dreck nicht suhlen,
denn den Geschmack, den kann man schulen!

Aliquid haeret

Einmal haltlos abgegeben
Bleiben schlechte Worte kleben.
Wenn gute Worte auswärts drängen,
sie oft im Halse bleiben hängen
oder wenn sie mal erschallen,
sie oft zu rasch im Raum verhallen.
Wäre der Mund eine bessere Schwelle,
klebten die Worte an der richtigen Stelle:
Die falschen verliessen nie diese Pforte,
sondern nur die der guten Sorte!

Der Rücken

Ein gestärkter, breiter Rücken,
kann ganze Himmel in die Höhe drücken.
Doch wird zu viel ihm aufgeladen,
dann nimmt ein Rücken langsam Schaden.
Besonders, wenn nicht mehr gestützt,
das Kreuze ab sich stärker nützt.
So wird dann manches Rückgrat weich
und beugt sich allem und jedem sogleich.
Bei andern, die steif und aufrecht nur gehen,
führt dies zu Rückgrat-Bruchgeschehen,
wenn niemand sich hinter den Rücken stellt,
niemand ihn frei und aufrecht hält.
Willst Du daher einen Rücken stärken,
muss Du *dahinter* hilfreich werken,
hinter ihm verlässlich stehen,
ohne ihn zu hintergehen.

Hinter dem Rücken

Mancher, der vorgibt, den Rücken zu stärken,
und sich hinter denselben stellt,
will nur hinter dem Rücken werken,
damit er dann einfacher in diesen fällt.

Trauer

Wir stehen
in unsagbarer Leere,
in untragbarer Schwere,
in unfüllbarem Sehnen,
in unstillbaren Tränen
an Charons fader Fähre

Wir werden
in schonungslosem Schauer,
in trostloser Trauer
um den sich bahnenden Verlust,
von dem nichts ahnend wir gewusst
schlussendlich schmerzhaft schlauer.

Ein Streit über die Form

Da liegen sie nun die Scherben
und niemand will es noch erben,
das zuvor begehrte Geschirr,
das zerbarst in des Streites Gewirr.
Nichts kann es wieder zusammenpassen.
Nichts wird je wieder hinein gelassen.
Willst du es neu zusammen führen,
wirst du am Schmerze die Schärfe spüren,
die durch zerfallene Form entstand,
wo zuvor sich Inhalt in Fülle befand.

Glückseligkeit

Er schritt eilig durch die Strassen
vorbei an anderen rasenden Massen,
die, noch kauend an den Sorgen
über Gestern und ums Morgen,
die wie leblose Gespenster
nicht schauen in die offenen Fenster.

Es lag dort, zum Erwerb bereit,
ein Exemplar der Glückseligkeit.
Doch wurde im Vorübergehen
sie von den Anderen übersehen.
Ein wacher Blick, ganz unverwandt,
und er ging hinein und kaufte den Band.

Wer stets nur weiter zum Morgen hetzt,
verpasst das Geschäft vom Hier und Jetzt.

Glückes Zweifel

Nichts fährt dem Menschen stärker ein,
als allzu langes Glücklichsein.
Ist er gesund und wohl genährt,
wird anerkannt, gar hoch verehrt,
kann sportlich sich und geistig pflegen,
darf seine eigenen Träume hegen,
hat ein festes Dach überm Kopf,
gefüllt sind Kühlschrank, Glas und Topf,
dann zwickt ihn irgendwann der Zweifel,
gesät mit Tücke durch den Teufel:

Mein Haus, das neidet mir der Nachbar,
mein Topprojekt scheint doch nicht machbar,
die Kleider sitzen etwas schlecht,
die Möbel passen auch nicht recht,
die Ehe scheint etwas zu fad,
er ahnt auch, dass ein Unheil naht …
So wird im Kleinen dran gefeilt,
dass unser Glück nicht lange weilt.
Denn nur wer Übles übersteht,
bemerkt es, wenn's ihm bestens geht.

Glauben

Jeder glaubt an etwas,
niemand glaubt an nichts.
Mancher an Gesetz und Fatwas,
andre an die Macht des Lichts.

Sie glauben an die Sterne,
an Shiwa, Allah, Jahwe, Gott
oder an das Glück der Ferne
oder nur an Spass und Spott.

Sie glauben manchmal an das Gute,
an den schönen Augenblick,
an die Frucht vom eigenen Blute,
an Ruhm, an Glanz, an Charme, an Chic.

Sie glauben, dass wir alles wissen,
dass ihr Kopf ihr Leben führt.
Sie glauben dem betörenden Bissen
oder nur an was man spürt.

Sie glauben allzu fest an Zahlen,
und zu wild an Wert und Wort.
Sie glauben stets an ihre Wahlen,
und hemmungslos an Schwert und Sport.

Sie glauben gern an den Gewinn,
an andere auch, wie dich und mich.
Sie glauben gar an Sein und Sinn
oder nur an selbst und sich.

Sie glauben an Vernunft und Technik
oder an das düstre Ende.
Sie glauben noch an Trug und Trick
oder an die grosse Wende.

Ob sie's glauben oder nicht:
Ohne Glauben ist kein Streben,
ist kein Tun, kein Recht, keine Pflicht.
Erkenne drum: nur Glauben führt Leben.

Jahreszeiten des Lebens

Aus warmem, mütterlichen Schoss
werden wir hilflos, nackt und bloss
in eine kalte, noch karge Welt
plötzlich schmerzhaft hinein gestellt.

Dann wächst jeder, erwacht und erwärmt
von bunter werdendem Leben,
treibt Knospen, blüht, verliebt sich, schwärmt,
derweil wir offen dem Sommer zustreben.

Der fliegt in satter Fülle herbei,
vom Leben mit Wärme und Vielfalt verwöhnt,
von einst schwarz-weissem Winter-Einerlei
durch bunte, saftige Tage versöhnt.

Mild aber ermatten langsam die Farben,
schärfer auch der Wind schon weht,
wir ernten noch unter vielen Narben,
was wir dereinst unbedarft gesät.

Der grau-schwere Winter holt uns ein,
entblättert steh'n wir an kaltem Ort,
Erwartungen verdorrt, geschrumpft und klein,
wenn uns die Kälte trägt hinfort.

Kernphysik des Lebens
(Triptychon)

Drei Kräfte erhalten die Welt:

Glaube
ein feines Garn,
aus Nichts gewoben,
im Nirgends verankert
und dennoch fängt es alles auf,
umspannt das ganze All
und hält es zusammen.

Liebe
ein alles erhellendes Licht,
das aus Eis Feuer macht,
aus Asche Häuser baut,
aus Russ Atemluft schafft
und mehr Kraft entstehen lässt,
als es selbst zum Leben braucht.

Hoffnung
eine leise Hintergrundmusik
aus dem Morgen geschickt,
um dem Heute die Schwere zu nehmen,
den Lärm von gestern zu übertönen
und mit sanftem Ruf und ruhigem Takt,
jeden aufzustellen und vorwärts zu führen.

Rosenstrauch

In einem Heer
Aus Disteln und Nesseln
Fand ich einen Rosenstrauch.
Vom Anblick und Duft
Liess ich mich fesseln,
Doch stachen seine Dornen auch.
Die Rosen wurden mir Atemluft
Doch entkomm ich den Dornen nicht mehr.

Rohdiamant

Es kommt, dass unter Kieselsteinen
Ein Rohdiamant sich versteckt.
Man ahnt den Kristall, den edlen und feinen,
Die Härte noch stumpf, die Klarheit verdreckt.
Wenn man ihn mühsam schärft und schleift,
Bis funkelndes Feuer aus ihm greift,
Dann sucht man nie mehr billigen Plunder,
Sondern nur noch solche, wertvollen Wunder.

Hotel-basierte Medizin

Symposium im Grand-Hotel,
jeder Arzt eilt hin noch schnell.
Grundversorger und Spezialisten
begeben sich auf Vortragspisten.
Durch Referat und Kurzbericht,
so lernt man Neues oder auch nicht.
Aus Wissenschaft und frischer Forschung
schafft sich der Künstler etwas Vorsprung
für den alltäglichen Parcours.
Doch lockt das Fachliche nicht nur.
Nein, man streift auch gerne elegant
Von Pharma-Bar zu Werbestand,
um mit Gouts und mit Geschenken
sein Fachgewissen zu versenken.
Auch knüpft man am Kollegen-Netz,
denn Allianzen sind Gesetz.
Wer im Markt sich will bewähren,
büffelt nicht nur schnöde Lehren,
sondern folgt nun, überall hin,
der Hotel-basierten Medizin.

Untersuchungssegen

Krankheit, wüst und wild geartet,
befällt den Mensch oft unerwartet.
Schwer nur lässt sie sich verwalten,
drum will man sie in Zahlen halten.
Mit Metermass und Winkelmesser,
gelingt die Zähmung auch schon besser.
Mit Hämmerchen und Stethoskop,
mit Röntgenblick und Mikroskop,
wird sie schliesslich aufgespürt,
bevor sie noch zu Leiden führt.
Vergebens, sich dagegen zu winden:
An jedem gibt es Krankes zu finden.
Ja, wenn man es so recht bedenkt,
ist Gesundheit keinem geschenkt;
wer meint, er hätte sie gebucht,
wurde einfach nie richtig untersucht.

Krankenhaus

Alfons, wohl und ungeplagt,
hat sich ins Spital gewagt,
auf dass er einen Freund besuche,
der nieder lag vom Nierenstein-Fluche.
Wie er so nach dem Zimmer fragt,
schon der Geruch ihm nicht behagt.
Die Schwester ruft: „Geht's uns nicht gut?"
Da spürt er, wie es stockt, sein Blut.
„Nein, alles klar". Doch der Magen drückt,
wie er so Kranken um Kranken erblickt.
Halb taumelt er ins Krankenzimmer.
Es klirrt, es plärrt, es wird immer schlimmer.
Im Rahmen der Tür ein Schrei, ein Rammen,
ein Schmerz, er sieht rot und klappt zusammen.
Dann kommt er zu sich: Drähte am Herz,
Tropf und Schläuche, ein Gips um den Schmerz.
„Herz und Knochen sind wohl zu schwach?"
spottet der Arzt, kaum ist er wach.
Die Schwester ruft frech, aber mitleidsvoll:
„Ihr Sturz mit Tomatensuppe war toll!"
Ja, gehst Du gesund ins Krankenhaus,
gib Acht, sonst kommst Du krank heraus.

Der Klysmatiker

Alfons lebte ganz nach Regeln,
konnte nur schnurgerade segeln,
jedes Ding an seinem Platz,
kein spontanes Wort im Satz,
alles wurde lang bedacht
und streng und starr nach Plan gemacht.
Für ihn gab es nur die eine Rolle:
Die der absoluten Kontrolle.
So merkte er nach kurzer Zeit:
„Mein Darm übt keine Gehorsamkeit!
Ganz beliebig sondert er Düfte
und beugt zum Stuhlen mir die Hüfte.
Diese Willkür darf nicht sein!
Nur einer kann der Meister sein!"
Sprach's und tat ab sich führen,
um die Kontrolle rasch zu spüren.
Mit Trockenfrüchten, Weizenkleie,
Rizinusöl und Senna-Breie
ging er daran, den Darm zu domptieren,
und alsbald auch mit Hoch-Klystieren.
Nun wähnte er alles in Ordnung und Recht,
doch war er jetzt ganz seines Darmes Knecht.

Seitenstechen

Ganz verbissen, Tag und Nacht,
jagte er Geld, Ruhm und Macht.
Bis ihm, an einem harmlosen Morgen
ein Seitenstechen machte Sorgen.

Der Arzt sah rasch mit Röntgenblick
ein Krebs-verkürztes Menschengeschick.
Dass Schlimmes sich angebahnt,
das hatte er schon früher geahnt.

Husten, kein Hunger, zu kurze Luft.
Er roch schon seine Leichengruft
Und sah, dass ihn der Tod anstarrte
Und frech an seinem Boden scharrte.

Es rüttelte an seinen Wurzeln.
Er sah all seine Träume purzeln.
Nur *ein* Wunsch war ihm noch geblieben:
Etwas mehr Zeit mit seinen Lieben!

Er liess den Wulst aus der Lunge pellen.
Dann untersuchte man darin die Zellen.
Dies schliesslich hat ihm offenbart,
dass das Gewächs doch *guter* Art.

Mancher merkt erst am Schuss vor den Bug:
Macht, Ruhm und Geld sind nichts als Trug.

Der Leisetreter

Er macht selten ein Gezeter,
drum mag man ihn, den Leisetreter.
Doch gibt es etwas anzupacken,
Hecken stutzen, Stützholz hacken,
Dreck wegputzen, Hilfe geben,
Klingen schärfen, Scherben kleben,
kann man ihn nerven, wie man will,
der Leisetreter, der bleibt still.

Denn er beherrscht ganz elegant
die Kunst vom passiven Widerstand.
Will jemand ihn zur Arbeit locken,
flitzt er flink fort auf leisen Socken.
Will jemand ihn zu Hilfe holen,
schlüpft er davon auf sanften Sohlen.
Wenn anderer sich freiwillig stellt,
gibt unser Freund nur Fersengeld.

Und hätte er einmal gemusst,
sagt er: „Ich hab's doch nicht gewusst".
Zum Weichen ohne anzuecken,
kann Ausflüchte er stets entdecken.
So hört man ihn nie kräftig schreiten,
in seiner Suche nach dem Weiten.
Doch geht man seichte Schritte nur,
hinterlässt man im Leben auch keine Spur.

Verhinderter Meister

Auf einer Reise nach fernen Orten
gelang Alfons ein rundes Gedicht.
Er fasste in wenigen, weisen Worten
alle Erkenntnis in gleissendes Licht.

Vom Sinn des Lebens, von Liebe und Hass,
alles sich meisterlich fügen liess.
Doch leider er jenen Zettel vergass,
als irgendwo er genüsslich spies.

Der Ober, der Arme, konnte nicht wissen,
was er in Händen Bedeutsames hielt,
als er das Schriftstück achtlos zerrissen.
Wie oft hat die Menschheit ihre Kunst schon verspielt?

Bücher

Ein tolles Buch, ein echter Seller,
landete dereinst in einem Keller.
Liebevoll zuvor geschenkt,
hat Langeweile es verdrängt,
hat Lebensgeist es kurz geweckt,
hat Geistestiefe es aufgedeckt.

Doch war es einmal durchgelesen,
schmückte es den Wohnzimmertresen.
Dann diente es als Tischbeinstütze,
dann zum Trocknen einer Pfütze,
als Schmierzettel, Kaminanzünder,
als Faltflugzeug gar für die Kinder.

Bis der Rest dann zerfleddert, geschunden,
in einer Kiste im Keller verschwunden.
Der Autor – weltweit hoch gepriesen,
mit Preis und Preisen abgespiesen –
erhoffte doch ein edleres Ende
für die Frucht seines Hirns und seiner Hände.

Das Versprechen

Ein Versprechen für ein Leben
Einmal leichtfertig abgegeben,
Stimmte vorne und hinten nicht ganz
Und biss sich daher in den Schwanz.
So schlang es töricht in sich hinein
Von seinem „n" das rechte Bein
Und übrig blieb – bedeutend schwächer:
Statt eines Versprechens nur ein Versprecher.

Heisse Liebe

Heisse Liebe, frisch entbrannt,
Wurde zum Diebe dem Verstand.
An kühler Schulter abgeprallt,
Wurde rasch der Brand wieder kalt.
Die dürstende Seele lag nun in Asche
Und kein Geist war mehr in der Flasche.

Triebe

Manche Triebe
Können anderer Liebe
Nachhaltig erliegen
Und langsam darin versiegen.

Andere Triebe
Lassen manche Liebe
Lieber links liegen,
Um sie rasch zu besiegen.

sie & er

Amor

Verzweifeltes Verlangen
Willst du mich fangen?
Mich herzvoll heiraten?
Mich schmerzvoll gar braten?
Mit Pfeilen spiessen?
Für geiles Ergiessen?
Mich gnadlos durchbohren?
Dass ich auf ewig verloren?
Hab doch Gnade
Und triff nur die Wade,
Denn, nach dem Geschmuse,
Auf dem anderen Fusse,
Bevor die Hochzeitsglocke schellt -
Gebe ich lieber Fersengeld.

Wenn du fort bist

wenn du fort bist
werden meine Augen
zu Schornsteinen meiner Seele,
wo die Leere Ruhe, Glück
und Gelassenheit in Scheite schlägt
und damit den Alltag heizt,
wenn du fort bist
wird mein Mund
zum trockenen Flussbett,
dessen Lächeln am Uferrand verwelkt
und dessen Grundsteine in Wind und Wetter
wieder kantig geschnitten werden,

wenn du fort bist
wird mein Kopf
zum hafenlosen Schiff,
dessen Ladung verwaist und verwest
und dessen Horn im Nebel
ungehört vertönt,

bis der ausgeworfene Anker
wieder seinen festen Grund spürt.

Treibholz

treibend im masslosen Meer
von Erwartungen anderer,
die sich in wilden Wogen,
die wütend über mich zogen,
immerfort an mir zerschlugen,

liess ich stillen Stolz
und ergriff treibendes Holz
aus tollkühnen Träumen,
die die Verzweiflung säumen,
und sie mit Hoffnung verfugen,

die Du spielerisch von Dir stiesst,
und leise zu mir driften liesst,
vermodert und muschel-behangen,
mit dem befreienden Auftrieb von Verlangen,
Träume, die mich über Untiefen trugen.

Fremdes Lächeln

Ein Lächeln beim Vorübergehen,
fragend, freundlich, fremd und frisch,
hundert Sonnen darin zu sehen,
doch glitt es weiter wie ein Fisch.

Alle Wünsche, alles Sehnen,
schien darin sich kurz zu spiegeln,
sich erwärmend auszudehnen,
sich dem Innersten entriegeln.

War es eine Täuschung nur,
eigener Ruf an Fels geprallt,
oder war es stille Spur
fremden Verlangens, das mir galt?

Zurück bleibt mir nur diese Frage
und ein kurzer Hauch von Glück,
mehr zu hoffen ich nicht wage.
Ein Lächeln warf ich noch zurück.

Ein Hauch von Nichts

Nichts wurde gesagt
und nichts ist geschehen
und doch spannten sich Regenbögen,
als ob die Wolken weiterzögen.

Nichts wurde gefragt
und nichts musste vergehen,
während der Mond die Felder entblösste
und sich eine Schnuppe zum Himmel hin löste.

Nichts wurde versprochen
und nichts wurde ersteigert,
und doch schwang ein Tor kaum spürbar auf,
es klang keine Klingel, es knirschte kein Knauf.

Nichts wurde gebrochen
und nichts wurde verweigert,
während die Halme wieder auseinander zeigten
nachdem für einen Hauch sie sich zusammen
neigten.

In der Ehe

Gemeinsam freudige Inhalte suchen
Nicht nur den Partner für Ärger buchen
Den andern halten ohne ihn zu fassen
Sich gegenseitig kleine Geheimnisse lassen
Die grossen Wege gemeinsam schreiten
Mit winzigen kleinen Aufmerksamkeiten.

Zorn und Streit zerstört, wenn zu gross
Ein bisschen Reibung aber wärmt uns bloss.

Ehe

SiE HARMOden.NiE Er

Stechpalm

Ein Schiff Namens „Ehe"

Jung sieht man sie mit ihren Jollen
vor der Eltern Küsten herumtollen.
Sie lernen Wind und Wellen zu meistern
und sich an ihrem Willen begeistern.

Bis eines Tages eine Braut
den stolzen Seemann in einem erschaut.
„Mit Dir will ich auf Seefahrt gehen,
sei Du mein stolzer Kapitän!"

„Lass uns als flottes Schiff ablegen
und durch die wildesten Winkel bewegen."
Nach ersten sanften Schönwetterreisen,
in gewohnten Küstenkreisen,

Wagen sie sich aufs offene Meer,
wo plötzlich die Orientierung schwer.
Kaum dass die ersten Wellen sich türmen,
beginnt die Crew die Brücke zu stürmen.

Erst will man weg von Heimatgewässern,
dann sich vor dem Anderen verbessern.
Manches Eheschiff ist grundlos verschwunden,
weil kein gemeinsamer Kurs gefunden.

Doch wer den ersten Sturm überstanden,
der kommt sich nicht mehr so schnell abhanden.

auseinander

  s i   e
u n d
   e   r
  einander.
  s i   e:
  ein
     ander.
   e   r:
aus,
   e n de,
auseinander!

wir

(I)

      ich
     i hr
   wi   r

(II)

```
    i    c    h     i     ic h
  c   i    h  c     c     ic
    h        i      h     h
```

Xerxes

Hoch stehend auf erhabenem Hügel,
Ward ihm sein riesiges Heer zum Spiegel:
Von vermeintlichem Glück
zu Tränen gerührt,
hat er es vom Hellespont
ins Verderben geführt.

Psalm

Unbekannter Sänger
längst verstreuter Staub
seit zweitausend Jahren.
Kein Star, kein Luxus,
und auch kein Ruhm.
Durch Buchstaben
auf einer Seite,
schwingt Deine Seele
in Millionen Anderen
für Ewigkeiten weiter.

Ein ungleiches Paar

Die Tat, verheiratet mit der Zier,
stand eines Morgens neben ihr,
als diese, unbedacht und eitel,
verschönerte sich Schopf und Scheitel.

Als sie das Spiegelbild erblickte,
die Zier das plötzlich sehr bedrückte.
Die Tat sah dies und sprach: „Was ist?"
Die Zier warf ein: „Schau, was Du bist:

Gespiegelt gleich wie in Natur
bist Du die Tat nur, rein und pur.
Stets bewegst Du klein und gross.
dagegen bin ich bedeutungslos.

Ein Reiz bin ich im Spiegel betrachtet –
selten ge-, doch vielmals ver-achtet."
Da schaute die Tat sie liebevoll an:
„An Welt und Leben wäre nichts dran!

Du wirkst viel mehr", sagte sie mit Lachen:
„ohne Dich würde ich nämlich gar nichts
      machen!"

Die Spassgesellschaft

Der Mensch, das war schon immer klar,
der kam auf diese Welt als Star.
Ihn darf man nicht mit Mühen plagen,
denn er will nach Vergnügen jagen.

Alles darf er stets belachen,
alles sich zum Knüller machen.
Denn so, als lockerer Scherz verpackt,
werden Tabus ganz leicht geknackt.

Ist man derart vom Quatsch beleckt,
ist jede Empfängnis unbefleckt,
dann ist für jeden diese Welt
nur noch ein einziges Zirkuszelt.

Macht

... macht machthungrig!

Zivilcourage

Auf der Strasse leuchtet es rot,
ein Mensch befindet sich in Not.
Ob Blech ihn warf zum Strassenrand
oder die Gewalt aus nächster Hand.
Die andern stehen nur und gaffen,
es nicht schaffen, sich aufzuraffen.
Unbeholfen, erschrocken, gehemmt,
irgendwo der Helfertrieb klemmt.
„Andere werden es sicher richten."
„Wenn niemand hilft, drängt es mitnichten."
„Ein anderer weiss besser Bescheid."
„Ich beschmutze mir doch nicht mein Kleid."
„Vielleicht infiziere ich mich gar."
„Vielleicht bring ich mich selbst in Gefahr."
Die zu fest verwurzelt in Sicherheitsängsten,
die staunen und starren hier wohl am längsten.
Die selbstbezogen und mitgefühlsfrei,
die laufen sowieso gleichgültig vorbei.
Wann geht es mich an? Eben dafür
fehlt der Menge meist das Gespür.
So wird zwar Mutter Courage verehrt,
aber Bedrängnis und Not der Rücken gekehrt.
Bis einer Hilfe holt oder Hilfe leistet,
oder zum Beistand gegen Gewalt sich erdreistet.
Statt Hemmungen als Camouflage
bräuchte es mehr Zivilcourage.

Zebrastreifen

Ein Zebra einst durch den Dschungel trabte
und sich an saftigen Blättern labte.
Und wie es so nicht aufgepasst,
ward es vom Trampeltier erfasst,
das eilig durch den Buschwald rannte
und das Zebra zu spät erkannte.
Der Löwe davon Witterung kriegte.
Er kam, er sah, doch sein Hunger versiegte.
Denn statt saftiger Lieblingsschinken,
tat nur noch Brei am Boden blinken.
Mit gereizt verdriesslichem Gähnen
überliess er den Brei den Hyänen.
„Doch", brüllte er, „so geht das nicht!
Ich gründe jetzt ein Verkehrsgericht.
Wer fortan Zebras nicht beachtet,
wird kurzer Hand von mir geschlachtet!"

Der Dschungel ist zwar wild geartet,
doch wird vor Zebrastreifen nun gewartet.

Windmacher

Mit den Kühen auf einer Weide
stand ein Esel in grauem Kleide.
Dies störte nur den stolzen Stier.
Er trabte hinüber zu dem Tier
und rief: „He Du, grauer Geselle,
mach Dich geschwind von meiner Stelle!"
Er sprach's und liess 'nen Fladen fallen
und tat auch noch die Muskeln ballen.
Der Esel, schlau und ganz bescheiden,
überliess dem Stier die besch...eidenen Weiden,
wo vorher er noch frisches Gras
zufrieden und friedlich für sich ass.

Die Wind und Mist um andere machen,
werden vom eignen Gestank erwachen,
wenn, nachdem ihr Wind verweht,
ihr eigener Dreck noch fortbesteht.

Regenwurm

Ein quietsch-fideler Regenwurm
eroberte die Welt im Sturm
und kam sich bald schon schlichtweg vor
wie eine Boa Constrictor.
So wand er sich dann einmal hoch
aus seinem dunklen Erdenloch,
nicht im Schutz von Wind und Regen,
wenn Vögel ungern sich bewegen,
sondern bei schönstem Sonnenschein,
direkt vor einer Krähe Bein.
Da wurde ihm auf einmal bange,
er schrie: „Pass auf! 'Ne Riesenschlange!"
und eh der Schnabel nach ihm pickte,
er wieder sich ins Loch verdrückte.

Auch wenn Dein Stolz Dich grösser misst:
Vergiss nie, wer Du wirklich bist!

Grenzgänger

Das Kalb graste, wie alle Kühe,
tagein tagaus ganz ohne Mühe.
Doch eines Tages, unverwandt,
erwachte plötzlich sein Verstand:
„Wie, das soll das Leben sein?
Das gleiche Gras tagaus, tagein?
Die andern sind zu dumm und träge,
zu suchen, wo saftigeres Gras noch läge.
Nicht ich, ich streck mich über die Grenze,
damit sich von dort mein Leben ergänze."
So sprach's und ging zum Zaun ganz leise,
streckte sich drüber zur äussersten Speise.
Doch wie es sich über die Drähte reckte,
ein Stromschlag es am Hals erschreckte.
Das Gras schmeckte gleich auf jeder Seite,
doch fühlte das Kalb begrenzte Weite.

Wer seinen Kopf über Grenzen führt,
muss damit rechnen, dass er es spürt.

Die Spinne und die Muck

Die Spinne sass auf einem Ast
Und wetzte sich die Hauer.
Ihr Magen knurrte ohne Rast;
Ihr Netz lag auf der Lauer.

Die Käfer und Insekten,
Die tummelten sich friedlich.
Als sie das Netz entdeckten,
Da wurden sie verdriesslich.

„Warum willst Du uns plagen?
Was haben wir Dir getan?
Warum willst Du uns jagen
Mit Deinem klebrigen Garn?"

Die Spinne tat ganz schüchtern:
„Wie soll ich Euch denn kriegen?
Betrachtet mich ganz nüchtern:
Ich kann ja gar nicht fliegen!

Ich bin so klein und so allein.
Ich kann Euch gar nicht hetzen.
Die Vögel – nur die sind gemein.
Gegen sie müssen wir uns vernetzen!"

Die Muck, die brummte unbedacht:
„Ich glaube, Du hast recht!
Mir hast Du nie etwas gemacht.
Doch neulich jagte mich ein Specht!"

Sie sprach's und liess ins Netz sich fallen
Und eh' sie wieder entflogen,
Umgarnte sie der Spinne Krallen
Und ward von ihr ausgesogen.

Nicht jedes Netzwerk gibt Dir Halt
Und kann vor andern schützen.
Manche fassen Dich mit Gewalt,
Um Dich dann auszunützen.

Jung

Jung will man selbst den Dschungel stürmen,
eigne Wege neu entdecken,
auch wenn Hindernisse sich türmen
und Gefahren sich verstecken.

Jung stören nur die alten Pfade,
platt getrampelt durch die Väter,
ihnen zu folgen scheint zu fade,
das verschiebt man gern auf später.

Jung will man sich allein beweisen,
Pflanzen und Tiere stolz bezwingen,
auch wenn die Pfade sich nur kreisen
und noch nicht zum Innersten dringen.

Jung scheint die Zeit so unbegrenzt,
wie der Ort, den man ergründet,
weil der Dschungel glüht und glänzt
und von spannendem Leben kündet.

Reife

Der Apfel, der nicht verdirbt,
wenn wurmstichig er still stirbt.

Der Wein, der nicht den Sinn verkleinert,
sondern berauscht, weil er ihn verfeinert.

Der Fuchs, der sich fängt die flinke Beute,
auch wenn ihn bedrängt die stinkende Meute.

Die Tempelsäule, die nicht fällt,
bebt, hebt und senkt sich auch die Welt.

Der Pianist, der Technik überwunden,
um das Stück nach Musik zu erkunden.

Der eitle Maler, dessen Bild,
nicht nur den eigenen Narzissmus stillt.

Die Frau, die mit Scharm und Wärme besticht,
auch wenn sich fälteln Gebein und Gesicht.

Steine, durch Steine kantig geschunden,
werden im Lebensfluss sich abrunden.

Im Namen der Kinder

Liebe Mami
wir wollen Dir danken
ohne aber und ohne Schranken
für all das Erdulden
unserer Gefühlsabfallmulden
für unsere „Mami, wo ist …?"
dafür, dass Du uns nie vergisst
für das endlose Ertragen
von unseren Nörgel-Tagen
fürs Pflegen unserer kleinsten Wunden
für unzählige Überstunden
fürs Laune behalten
wenn wir Haare spalten
fürs Stillen von unserem Zuwendungsdurst
für jede kleine Extra-Wurst
fürs Räumen herumfahrender Taschen
fürs Nachfüllen des Vorrats zum Naschen
fürs Waschen und Legen der Wäsche
für jede von Dir geschlagene Presche
fürs Weghören bei unseren Fluchen
für jeden gebackenen Schoko-Kuchen
fürs Schlichten von Geschwisterstreit
dafür, dass Du allzeit bist bereit
fürs Trocknen jeder kleinen Träne
fürs Stutzen jeder Löwenmähne
für all Dein Entbehren
für das hinter uns Herkehren

für jeden still geschluckten Zorn
für jeden sanft entfernten Dorn
für jedes Deiner „Mach ich gern"
für allen Ärger, den Du hältst fern
für jedes absichtlich verlorene Spiel
ach, liebe Mami, für noch so viel
vergiss nicht, dass Dich wer liebt,
liebste Mami, schön dass es Dich gibt!

Ausweglosigkeit

ein „nein" zerschnitt ein „bitte"
geradewegs in der Mitte.
ein „doch" sprang rasch herbei
und schlug das „nein" zu Brei.
im Brei schwamm irgendwie
nur noch ein doppeltes „nie".
die andern Lettern entschwanden,
weil sie keine Lösung mehr fanden.

nein ı nie

selbst in dem leisesten „nein"
spiegelt sich ganz insgeheim
in arglistiger Ironie
ein unwiderrufliches „nie"

Angstmacher

Angst lässt Hoffnung rasch versiegen
Angst führt auch zu Streit und Kriegen
Angst brennt Löcher in den Himmel
Angst grünt heimlich wie ein Schimmel
Angst bringt Wiesen und Wälder zum Sterben
Angst kann sich ohne Gene vererben
Angst gebärt Sturm, Orkan und Gewitter
Angst schmeckt nachhaltig sauer und bitter
Angst treibt Menschen zum sich Mehren
Angst kann Räume und Träume leeren
Angst lässt Augen und Herz erblinden
Angst kann man auch ungesucht finden
Angst kann Vielen Vieles verkaufen
Angst lässt jeden und alles ersaufen
Angst kann offene Länder verschliessen
Angst muss man nur wenig begiessen
Angst erschüttert am heftigsten leise
Angst ist billiger als jede Speise
Angst gewinnt ganz einfach Wahlen
Angst beugt kraftlos die grössten Zahlen
Angst bewegt auch Börse und Markt
Wer Angst macht, dadurch an andern erstarkt.
Mit Angst wird heute ungeniert
Erst Tier, dann Mensch, dann Welt regiert.
Warum wollen wir an Ordnungen glauben,
die Glauben und Hoffnung auf Zukunft rauben?

Jahrzehntängste

In den Zwanzigern die Roten
In den Dreissigern die Juden
In den Vierzigern die Niederlage
In den Fünfzigern die A-Bombe
In den Sechzigern die H-Bombe
In den Siebzigern der GAU
In den Achtzigern der saure Regen
In den Neunzigern das Treibhaus
Zum Millennium Computerviren
In den 00ern Al Qaida
In den Zehnern Weltwirtschafts- und
Gesundheitskrisen
Und jetzt?

Das Herz

Es ist ein Öffnen
Ein Schwellen
Ein Hoffen
Ein blendend Erhellen.

Es ist ein Brechen
Ein Bluten
Ein Rächen
Ein Vergessen des Guten.

Es ist ein Stehlen
Ein Buhlen
Ein Hehlen
Ein hässliches Suhlen.

Es ist ein Klopfen
Ein Fliessen
Ein Adern Verstopfen
Ein Brustschmerz Einschiessen.

Es ist ein Lieben
Ein ewiges Geben
Ein Krieg den Trieben
Ein Pflanzen von Leben.

Es sei aus Blut
Und nicht aus Stein.
Statt schlecht sei es gut
Gross sei es statt klein.

Am Morgen

Ist gestern vergessen
Und gestern vergeben
Wird morgen geplant
Und auf morgen gehofft

Wird neu gemessen
Entsteht neues Streben
Wird neu gezahnt
Und neu gezofft.

Jeder Morgen eine Schöpfung,
Die am Abend endet durch Köpfung.
Jeden Morgen das Ur neu knallt,
Das bis zum Abend wieder erhallt.

Ladehemmungen

Ein tolles Ich stand vor der Tat
wie der Hase vor der Schlange.
Es brauchte keinen Rat,
es war ihm angst und bange.
Es sah nur die Blamage,
nicht den Erfolg, den Sinn, das Ziel.
Es war sich selbst Blockage
und sann und zauderte zu viel.
Die Tat tat nicht lang warten.
Sie fand ein anderes Ich.
Die optimalsten Arten
sind manchmal hinderlich.
Erfolg kommt nicht vom Ruhen,
und kommt auch nicht vom Rennen.
Erfolg folgt eher dem Tun,
das sich vom Ich kann trennen.

Ideenstreit

Ganz zufällig zwischen zwei Seen
Trafen sich zwei tolle Ideen.
Keine wollte den Weg freigeben.
So kämpften sie bald schon um ihr Leben.
Sie schlugen sich gegenseitig entzwei.
Da war es mit den Ideen vorbei.
Aus beiden Hälften unverwandt,
nur doppelter Neid zusammenfand.
Zurück am Boden blieben zwei „e"
die kündeten vom Ach und Weh.

Kreislauf

Dialektik

Geistesblitze

Manche plötzlichen Geistesblitze
bleiben nicht mehr als fade Witze.
Andere dröhnen wiederum
nachher länger düster und dumm.
Und sind sie einmal eingeschlagen
brennen sie weiter in manchem Magen.
Noch andere können da hingegen
kalt lächelnd Länder in Asche legen.
Nicht alle wärmen und elektrisieren.
Viele lärmen nur und lassen frieren.
Manchen folgt nur ein Donnern und Grollen.
Andere bringen schon mehr ins Rollen.
Manche treffen einen Elfenbeinturm.
Anderen folgt ein Strassensturm.

Doch ob Orkan oder nur Wetterleuchten,
was wir bei Geistesblitzen bräuchten:
Träfen sie sicher und immer gescheiter,
dann bräuchte es keine Blitzableiter.

Querschläger

Ein Gedanke, bescheiden und klein,
ordnete sich zwischen die anderen ein.
So kreiste er in geregelten Bahnen
ohne Ziel oder Sinn zu erahnen.
Andere taten ihn bedrängen,
so blieb er auch an einzelnen hängen.
Er streifte einen und kam zu Fall
und wurde zu der anderen Ball.
Das ärgerte ihn doch allzu sehr,
drum sprang er auf und schlug nun quer.
Die anderen konnten ihn nicht fassen
und mussten ihre Bahnen verlassen,
sonst wurden sie von ihm entschlossen
anvisiert und abgeschossen.

Wenn etablierte, alte Ideen
sich nur noch in eigenen Bahnen drehen,
dann braucht es für die neue Entfaltung
Querschläger als Zünder der Ideenspaltung.

Der Mensch?

Gebilde aus Haut, Blut und Nerven?
Geflecht aus Muskeln, Knochen und Sehnen?
Gemisch aus Zellen, Blut und Säften?
Ansammlung von Atomen, Ionen und Quarks?
Summe von Bewegungen und Kräften?
Extrakt aus Erziehung und Vererbung?
Bündel seiner Beziehungen und Bezüge?
Würfel seiner Wahrnehmung und Wünsche?
Gefäss seiner Gedanken und Gefühle?
Ergebnis seiner Erfolge und Errungenschaften?
Überbleibsel seiner Niederlagen und Verluste?
Rädchen im Getriebe der Gesellschaft und des Weltalls?

Egoismus

Wo kein Tropfen fliesst
Für anderes Leben.
Dort scheint die Sonne
Auf ein fruchtloses Selbst.
Dort lauern Treibsande der Gier,
Stürme des Begehrens,
Gleissende Gluten der Eitelkeit,
Fata Morganas von Ruhm und Ehre.
Dort heisst es dursten,
Dursten nach den Wiesen der Wonne,
Den Wäldern des Wohlseins,
Den Seen der Seeligkeit,
Den Bergen der Geborgenheit.
Dort brennt die Sonne
Auf leblose Leere.
Dort fehlen die Flüsse,
Die alles verbinden,
Die die blassen Böden
Mit den buntesten Pflanzen
Befeuchten und beglücken.

Kleinheit

Mancher der etwas kleiner geboren,
meint, er käme besser den andern zu Ohren,
wenn er stetig seine Stimme erhebt,
obwohl er erst dadurch den anderen
entschwebt.

Schlagring

Vermessenheit

Vor uns Unermesslichkeit
Hinter uns Unermesslichkeit
Und im kurzen Moment dazwischen
Sind wir vom Glauben besessen
Durch massloses Messen
Angemessenes Glück zu erwischen.

Küchenschaben

Wir kratzen Wolken und jagen Düsen.
Wir fähren Monde und rädern Riesen.
Wir hören drahtlos durch nah und fern.
Wir sehen nahtlos bis in der Teile Kern.
Wir schaffen und spüren die sanftesten Beben.
Wir raffen und führen die bequemsten Leben.
Doch trotz all dieser göttlichen Gaben,
sind wir kein Stück
näher am Glück
als die Küchenschaben.

Elfenbeinturm

Stein für Stein zusammengetragen
Soll mein Denken in die Höhe ragen.
Und rüttelt wer am Fundament
Zerfällt das Seichte an Zement.
Da kann man klopfen, schreien, rufen:
In meine Welt führen steile Stufen!
Geschützt ist sie durch feste Mauern.
Die zu erklimmen, das muss dauern.
Und keinen Zopf lass ich herab,
Denn Boden ist Gedankengrab.
Nur hier in hohen, weiten Lüften
Kann wahrer Geist die Welt zerklüften.
Warum mit andren sich austauschen
Hier oben kann ich dem Geiste lauschen
Und habe Überblick für mich allein,
Die niederen Sorgen bleiben hier klein.
Und läuft die ganze Welt auch Sturm:
Ich bleib in meinem Elfenbeinturm.

Seifenblasen

Alfons liebte Seifenblasen,
ja, diese brachten ihm Ekstasen.
Ganz dünn benetzt er eine Öse
und bläst hinein ohne Getöse.
Schon wächst hervor ein schillernder Traum
aus selbst dem seichtesten Seifenschaum.
Was soll er Handfestes erstellen,
wenn Seifenblasen ihn erhellen?
die doch so glitzernd ohne Gehalt
entgleiten seinem kleinen Spalt,
die sich ganz leise mehren lassen,
die schnell ganz gross und kaum zu fassen?
Doch will man eine dingfest machen
pling ... zerplatzt sie beim Erwachen.

Rückwärtsgang

Alfons wollte schneller fahren,
vorbei an all den braven Scharen
und tat in cooler Rennfahrmanier
den Knüppel in den Fünften drücken ...
... doch tat sie in den Rückwärtsgang rücken,
denn an Gängen gab es nur vier.
So stoppte sich selbst seine Ruhmesgier.

Arbeitsklima

Dient die Arbeit nur dem Sieg,
schuftet man auf Brech und Bieg,
wird das Klima nicht gepflegt,
keine Sonne, die es hegt,
dunkle Wolken überhängen,
scharfe Winde drohen und drängen
stets mit Sturm, Blitz und Gewitter
und die Luft schmeckt barsch und bitter,
dann braucht es nur die falsche Böe,
schon wächst die Kränkung in die Höhe.
Erst ist die Nase nur betupft,
dann läuft sie voll und ist verschnupft,
dann hustet man sich gegenseitig,
wird fiebrig, giftig, fies und streitig,
bis schliesslich jeder nach und nach
fällt in ein Siech- und Ungemach.
Nur die Arbeit, die bleibt liegen,
denn bei dem Klima kann sie nur ver-siegen.

Der Kutscher

Alfons sass ganz stolz und heiter
Hoch auf seinem Kutschenbock.
Nun wollte er noch schneller weiter
Und mit noch mehr Warenstock.
Alfons willensstark entschlossen
Liess sogleich die Peitsche knallen
Und rief „Hühhott" den treuen Rossen.
Doch wollte all das nicht gefallen.
Also lockte er mit Nahrung,
Auch brachte das sie nicht auf Trab.
Dann tauschte er die Pferdepaarung,
Was abermals rein nichts ergab.
Danach liess er Rösser wechseln,
Doch gar nichts kam damit in Gang.
Dann liess er neue Räder drechseln
In seinem wilden Vorwärtsdrang.
Erschöpfung alle Pferde stach.
Er peitschte, spornte, trieb so viel,
Bis die erste Achse brach
Und er hart vom Kutschbock fiel.
So musste Alfons schliesslich lernen:
Bei Rössern muss man Kräfte sparen,
Manchmal gar Ballast entfernen,
Will man zügig weiterfahren.

Die Geburt des Krieges

Gier, Vergnügen und Gleichgültigkeit
Spreizten ihre Schenkel breit.
Vergessen war die Geschichte.
Vermessen wurden Recht und Gerichte.
Das Eigentum lag konzentriert.
Der Freikonsum war ausquartiert.
Wenige besassen das Meiste.
Der Rest sich nur mit Mühe speiste.
Ressourcen waren abgeschöpft.
Der Nachschub wurde gleich geköpft.

So führte der einen Überfluss
Zu der anderen Zusammenschluss.
Der Hass befruchtete die Not.
Diese gebar nun Raub und Tod.
Dann eilte Hass zur geilen Gier.
Er zeugte Rage und Rache mit ihr.
Die vier kamen sich nahe, ganz verwandt,
Sie paarten sich wild, bis Krieg entstand.
Zur Welt kam er an vielen Stellen.
Der Hass empfing ihn in Wonnewellen.

Allein die Not den Krieg überlebte
Und diesmal nach besseren Partnern strebte.
Die Liebe kam und gab ihr Nahrung
Und Frieden entstand aus dieser Paarung.

Feierabend

Wenn Felsstürze Hütten verschütten
Und Wirbelstürme Städte zerrütten
Wenn Gletscher und Polkappen schmelzen
Und sich Fluten über die Länder wälzen
Wenn Kometen auf die Erde prallen
Oder Menschen sie wie Heuschrecken befallen
Wenn die Wut des Volkes erwacht
Gegen der Geizigen Gier und Macht
Wenn sich die Viren von Schweinen
Und allen Tieren gegen den Mensch vereinen
Wenn alle Quellen langsam versiegen
Und alle Kulturen sich nur noch bekriegen
Wenn ein Wahnsinniger den Himmel verpilzt
Oder die Erde bald mit der Sonne verschmilzt
Wenn das Weltall am Ende kollabiert

Oder
Wenn meine Hand die Deine nicht spürt
Und Du mir je mit Deinem Blick
Kein Lächeln mehr gibst zurück...
... na, dann ist Feierabend!

Dauerschmerz

Mein Raumschiff rutscht in Not.
Eine Warnung vor dem Tod?
An allen Reizen wird gerissen,
Die Seele in die Seile geschmissen.
All mein Wirken wird erwürgt.
Lebensfreude sich verbirgt.
Während Geist und Mut verschwinden,
Tausend Teufel Foltern finden.
Ängste blenden meinen Blick.
Kein Organ spürt schön und chic.
Jeder Tag welkt vor sich hin.
Es versickern Ziel und Sinn.
Alles Sein erstarrt zu Sand.
Meine Rolle rutscht zum Rand.
Selbstmitleid und Trauer
Heizen nun im Höllenschauer
Gefühle und Gedanken
Bis an die Körper-Seele-Schranken.
Kann kein Eingriff dies beenden,
Muss die Wahrnehmung sich wenden,
Denn ein gut gestützter Geist
Durch Schmerz allein nicht mehr entgleist.

Schmerzlosigkeit

Nabil hatte Ahn um Ahn
Von Fakiren in Nord-Pakistan.
Er spürte daher niemals Schmerz
Und machte niemals einen Terz
Um Schrammen, Risse und Fraktur,
Er spürte sie nie, er sah sie nur.
So wurde er nur schwer gewahr,
Einer ernsthaft drohenden Gefahr.
Nach und nach kam es drum vor,
Dass er Finger oder Ohr verlor.
Er fand seine Nahrung auf der Strasse,
Indem er Stunts vorführte zum Spasse.
Denn wenn er spielte mit Nägeln und Flammen,
Fand sich immer eine Menge zusammen.
Das rüttelte seine Kühnheit wach.
Er kletterte auf das nächste Dach
Und sprang hinab unter grossem Applaus.
Es zerriss ihn und trieb ihm das Leben aus.
Denn zeigt uns nichts unsere Grenzen an
Erliegen wir zuletzt dem Grössenwahn.

Sonnenschein auf Nebelbank

Den Tag, den packte einst der Geiz.
Er legte seine Sonnenscheine
Auf Nebelbänke in der Schweiz
Und hoffte so für sich alleine,
Er spare damit so viel Zeit,
Dass, bliebe er im Wolkenkleid,
Daraus erwachse der Gewinn
Für einen strahlenden Neubeginn.
Doch bedachte er bei alldem nicht:
Was, wenn die Dämmerung einbricht?

Freiheit

Essen	ohne gefüttert zu werden
Trinken	ohne bedient zu werden
Geniessen	ohne umworben zu werden
Unterhalten	ohne gefallen zu müssen
Aufrecht stehen	ohne gestützt zu werden
Vorwärts gehen	ohne gezogen zu werden
Denken	ohne beeinflusst zu werden
Reden	ohne souffliert zu werden
Handeln	ohne getrieben zu werden
Schlafen	ohne beschützt zu werden
Geben	ohne gebeten zu werden
Helfen	ohne aufgefordert zu werden
Leben	ohne die inneren Zwänge
Sein	ohne Zeitgedränge.

verwalten

verwalten
ist das Verhalten,
wenn gewisse Gestalten
die Gewalt erhalten,
dass andere für sie walten,
den Nutzen aber für sich behalten.

du statt ich

wer Freiheit sagt,
aber Loslassen meint,
wer Führen sagt,
aber Unterwerfung meint,
wer Liebe sagt,
aber Untergeben meint,
der sagt „Ich",
meint aber „Du".

Wasserscheide

Ein unbedarfter Tropfen Wasser,
der auf einer Wolke hockte,
wurde schwerer, wurde nasser,
bis ihn eine Landschaft lockte.

Ein zweiter Tropfen, dicht daneben,
meinte: „Drängle nicht so sehr.
Ich will erst spät den Absprung geben,
dann schwimme ich zum Mittelmeer.

Vor St. Denis, der Wasserscheide,
fällst Du zurück in Richtung Rhein.
Spring Du nur ruhig auf diese Weide,
ich bleib, der Süden der ist mein."

Da brummt die Wolke plötzlich laut:
„Ich schaffe diese Berge nicht,
ihr habt zu schwer Euch aufgestaut,
ich brauche weniger Gewicht!"

Sprach' s und fing sich an zu schütteln,
warf erste Tropfen ab, hinunter,
tat auch an unsren Tropfen rütteln,
die Sonne glitzerte schon bunter.

Und plopp – es liess sich nicht vermeiden,
Regen mussten alle werden.
So fielen endlich auch die beiden
zurück auf aller Mutter Erden.

Nur ein kleiner, frecher Wind
verwehrte ihnen die Rhone Seite.
So dass sie nun verurteilt sind
zu des Nordens kalter Weite.

In schöner, hoffnungsvoller Höhe
Wähnte mancher sich beim Paradies,
den fallend traf die böse Böe,
die zurück auf harten Boden blies.

Wandel der Medizin

Einst wandelte, so wie es schien,
der Arzt frei durch die Medizin.
Die Medizin, ein dichter Wald,
verwirrte unseren Arzt schon bald.
So suchte er nach Kunstmanier,
sich rasch ein eignes Jagdrevier.
Der Wald, damals noch nicht verwaltet,
wurde durch sich selbst gestaltet.
Die Ärzte konnten frei darin
und kunstvoll ihre Kreise ziehn
und nach Moral und eigenen Grenzen
durch Genesung anderer glänzen.
Das Volk liess diesen Wald drum schützen,
denn allen konnte er nur nützen,
weil jeder dorthin sich im Leben
für Leid und Tod muss hinbegeben.
Nach einer gar nicht langen Weile
Ging man nicht hin, nur dass es heile,
sondern auch für Wohlbefinden,
Angst vertreiben, Schönheit schinden.
So gab es schnell im Waldgetümmel
Ein grosses Arzt-Patient-Gewimmel
Und der Staat erfand die Rolle
Der gerechten Waldkontrolle.
Doch versteht seit Steuern und Wahlen
Der Staat sein Land nur noch durch Zahlen.
So, um Dickicht zu erhellen,
teilte er den Wald in Parzellen.

Ärzte dürfen nicht mehr wagen,
ausserhalb ihres Reviers zu jagen,
selbst wenn Krankheit ungetrennt
durch alle Bäume und Büsche rennt.
Dies Wild, das darf man nicht mehr hetzen,
man fängt es jetzt nur noch mit Netzen,
die durch viele Parzellen ziehn.
Den Netzen kann man nicht entfliehn.
Der Arzt, der darf nicht mehr allein
Fährtensucher und Jäger sein.
Er selbst nun in dem Netzwerk hängt
und hofft, dass er dein Leiden fängt.

Melancholie

Jedes Lied ertönt in Moll.
Jeder Kelch ist halb nur voll.
Krähen krächzen schrill im Nebel.
Leis vereist das Leben zur Wüste.
Ihre harten Krallen umklammern
Alle hundert Herzenskammern.
Ihre zähen, lechzenden Schnäbel,
Picken sich durch Leib und Brüste,
Auf dass der scharfe, schwarze Tran
Geist und Seele ertränken kann.
Wilder Welten tiefster Schmerz
Presst sich auf das tropfende Herz.
Doch wenn der Nebel endlich schwindet,
Dann weiss man, dass man lebt und empfindet.

Aliquid haeret	35	Grenzgänger	77
Alltagssuppe	30	Heisse Liebe	57
Am Morgen	89	Himmelstreppe	15
Amor	59	Hinter dem Rücken	37
Angstmacher	86	Hotel-basierte Medizin	48
Arbeitsklima	104	Humoristische Verse	5
Auf eigenen Füssen	33	Ideenstreit	91
Auf den Arm genommen	33	Im Namen der Kinder	82
auseinander	66	In der Ehe	64
Ausweglosigkeit	84	Jahreszeiten des Lebens	44
Befreiung	16	Jahrzehntängste	87
Bewegungsmangel	22	Jung	80
Bücher	55	Kernphysik des Lebens	45
Das Herz	88	Kleinheit	98
Das Versprechen	56	Kopf durch die Wand	32
Dauerschmerz	108	Krankenhaus	50
Der innere Schweinehund	29	Kreislauf	92
Der Klysmatiker	51	Küchenschaben	100
Der Kutscher	105	Kyoto	13
Der Leisetreter	53	Ladehemmung	90
Der Mensch?	96	Macht	72
Der Rücken	36	Melancholie	118
Der Zeitdieb	8	nein ¦ nie	85
Dialektik	93	Psalm	69
Die Erde	19	Querschläger	95
Die Geburt des Krieges	106	Regenwurm	76
Die Spassgesellschaft	71	Reife	81
Die Spinne und die Muck	78	Reisestress	24
Die Zunge	34	Rohdiamant	47
du statt ich	113	Rosenstrauch	46
Durchaus	11	Rückwärtsgang	103
Effekt und Effizienz	27	Ruhm	12
Egoismus	97	Schlagring	98
Ehe	64	Schmerzlosigkeit	109
Ein Hauch von Nichts	63	Schnee von gestern	20
Ein Schiff namens „Ehe"	65	Seifenblasen	102
Ein Streit über die Form	39	Seitenstechen	52
Ein ungleiches Paar	70	sich verleben	14
Elfenbeinturm	101	sie & er	58
Feierabend	107	Sonnenschein auf Nebelbank	110
Freiheit	111	Spielverderber	28
Fremdes Lächeln	62	Superlative	10
Geistesblitze	94	Trauer	38
Glauben	42	Treibholz	61
Glückes Zweifel	41	Triebe	58
Glückseligkeit	40	Übergewicht	23

Überholspur	7	Was wenn?	17
Unlust der Kultur	26	Wasserscheide	114
Untersuchungssegen	49	Wenn du fort bist	60
Urknall	18	Windmacher	75
Verdichtetes Bauen	6	Wir	67
Verhinderter Meister	54	Xeres	68
Vermessenheit	99	Zahnlos	31
verwalten	112	Zebrastreifen	74
Verwandlung	21	Zivilcourage	73
Wandel der Medizin	116		